Impressum
Verlag: BABADADA GmbH, Nedderfeld 112 , 22529 Hamburg
Geschäftsführer / Verlagsleitung: Harald Hof
Druck: Books on Demand GmbH, In de Tarpen 42, 22848 Norderstedt

Imprint
Publisher: BABADADA GmbH, Nedderfeld 112 , 22529 Hamburg, Germany
Managing Director / Publishing direction: Harald Hof
Print: Books on Demand GmbH, In de Tarpen 42, 22848 Norderstedt

chikoro

école

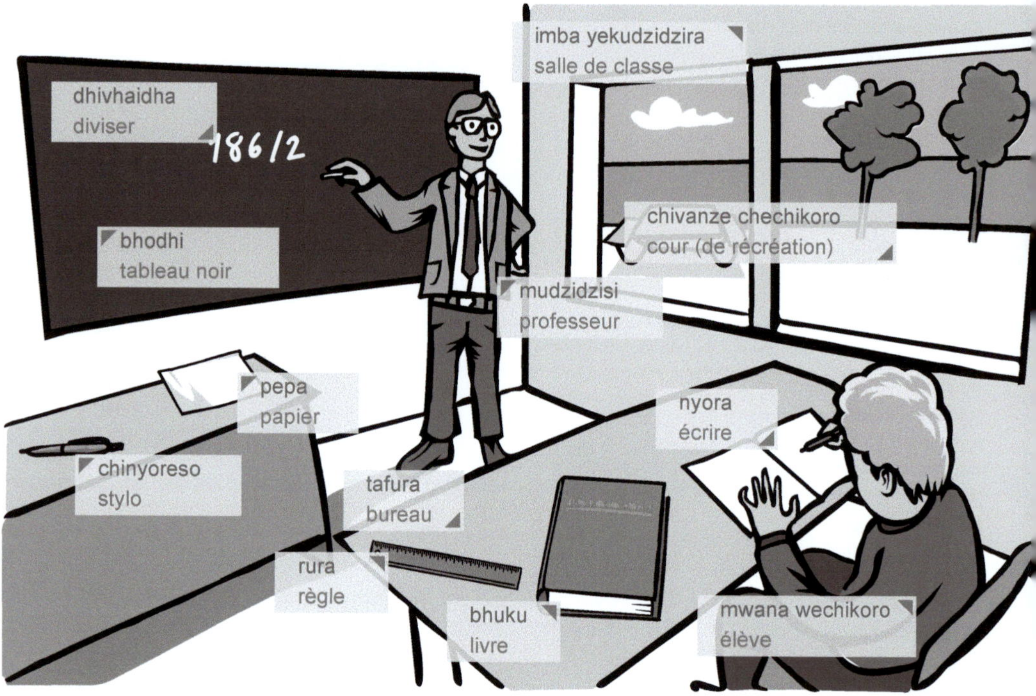

imba yekudzidzira
salle de classe
dhivhaidha
diviser
186/2
bhodhi
tableau noir
chivanze chechikoro
cour (de récréation)
mudzidzisi
professeur
pepa
papier
nyora
écrire
chinyoreso
stylo
tafura
bureau
rura
règle
bhuku
livre
mwana wechikoro
élève

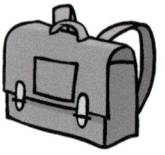

bhegi

cartable

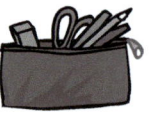

chekuchengetera mapenzura

trousse

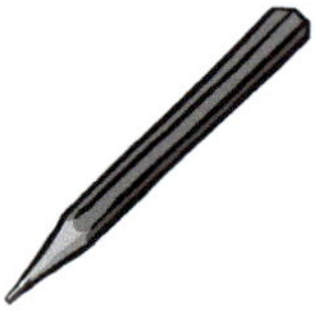

penzura

crayon

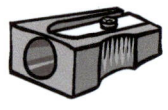

chekurodzesa mapenzura

taille-crayon

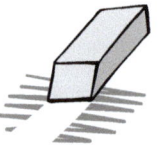

rabha

gomme

bhuku rekudhirowera mifananidzo

carnet à dessin

mufananidzo wakadhirowewa

dessin

bhurasho rekupendesa

pinceau

bhokisi rependi

boîte de peinture

chigero

ciseaux

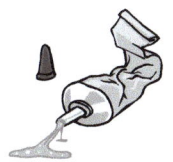

guruu

colle

bhuku rekunyorera

cahier d'exercices

basa rinoitirwa kumba

devoirs

nhamba

chiffre

sanganisa

additionner

bvisa

soustraire

wanziridza

multiplier

kakureta

calculer

bhii

lettre

arufabheti

alphabet

shoko

mot

mashoko

texte

kuverenga

lire

choko

craie

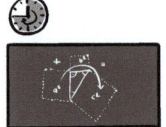

chidzidzo

leçon

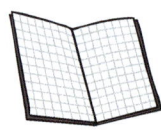

bhuku remazita

livre de classe

bvunzo

examen

setifiketi

certificat

yunifomu yekuchikoro

uniforme scolaire

dzidzo

formation

encyclopedia

lexique

yunivhesiti

université

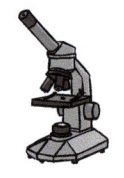

maikorosikopu

microscope

mepu

carte

bhini remapepa

corbeille à papier

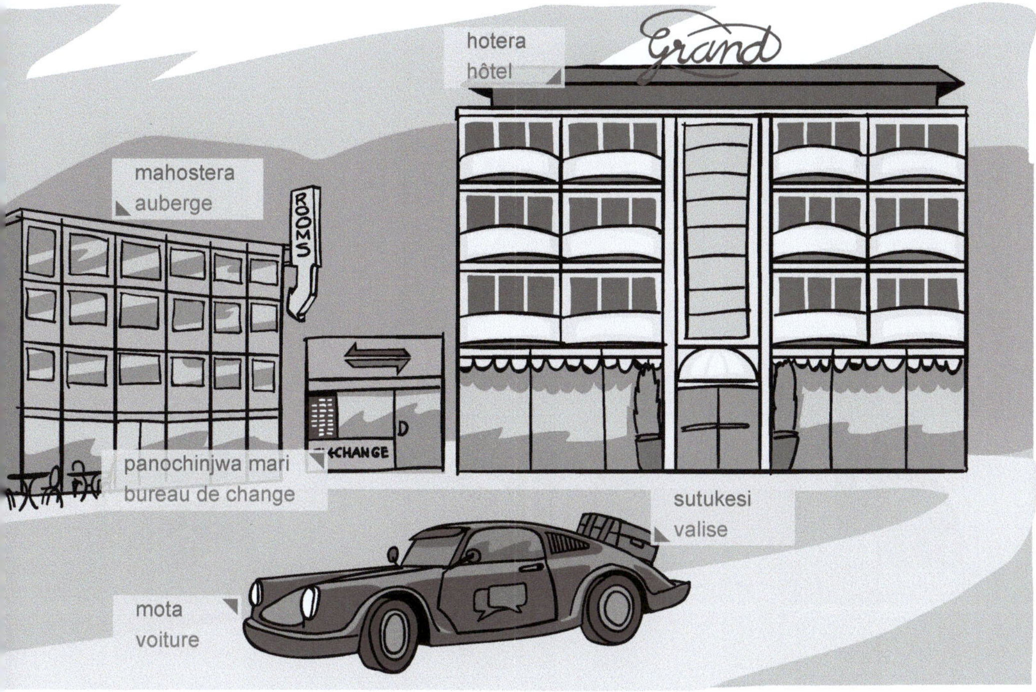

hotera
hôtel
Grand
mahostera
auberge
ROOMS
panochinjwa mari
bureau de change
sutukesi
valise
mota
voiture

mutauro

langue

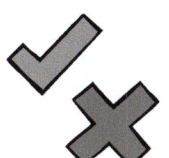

hongu / kwete

oui / non

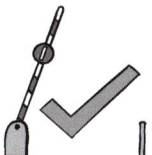

Zvakanaka

d'accord

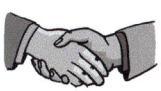

hesi

Salut

mushanduri

interprète

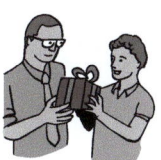

Mazvita

merci

Imarii... ?

Combien coûte...?

Handisi kunzwisisa

Je ne comprends pas

dambudziko

problème

Manheru!

Bonsoir !

Mangwanani!

Bonjour !

Murare zvakanaka

Bonne nuit !

toonana

Au revoir

mafambiro

direction

katundu

bagages

bhegi

sac

bhegi rekumusana

sac-à-dos

muenzi

hôte

imba

pièce

bhegi rekurarira

sac de couchage

tendi

tente

mashoko evafambi

office de tourisme

mahombekombe

plage

kadhi rekubhengi

carte de crédit

kudya kwemangwanani

petit-déjeuner

kudya kwemasikati

déjeuner

kudya kwemanheru

dîner

tiketi

billet

chikwidzo

ascenseur

chitambi

timbre

muganhu

frontière

vanoona nezvekupinda munyika

douane

vamiririri venyika

ambassade

vhiza

visa

pasipoti

passeport

zvifambiso
transport

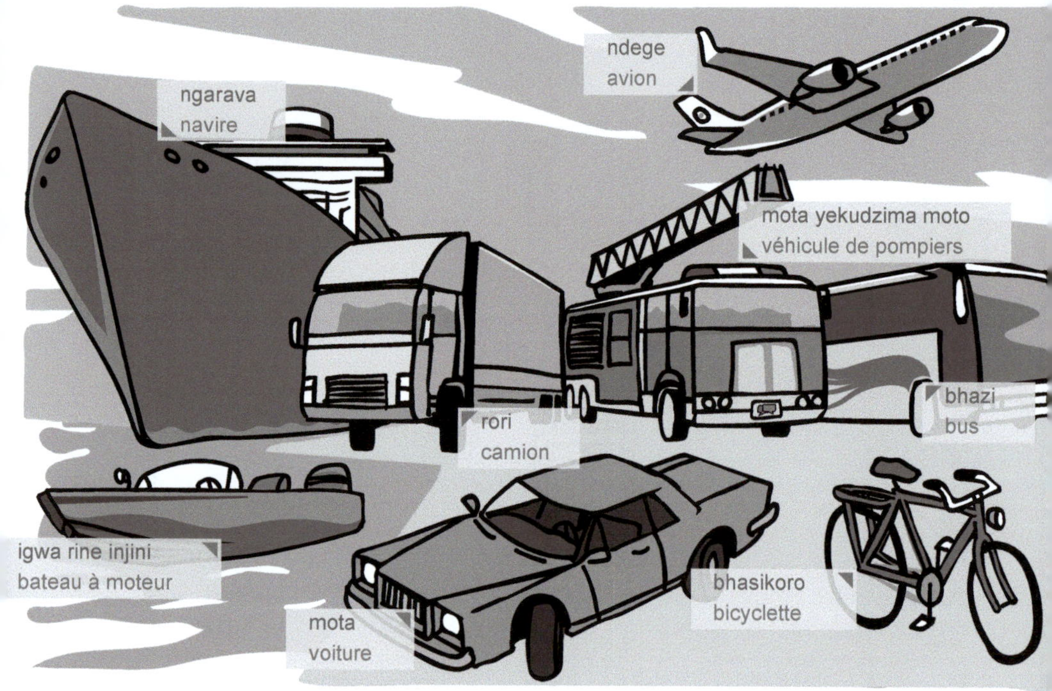
ndege
avion
ngarava
navire
mota yekudzima moto
véhicule de pompiers
bhazi
bus
rori
camion
igwa rine injini
bateau à moteur
bhasikoro
bicyclette
mota
voiture

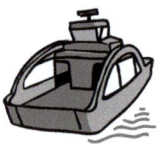

igwa

ferry

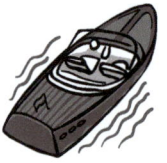

igwa

barque

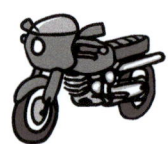

mudhudhudhu

moto

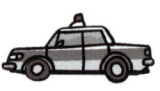

mota yemapurisa

voiture de police

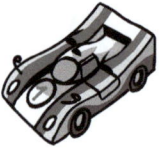

mota yemujaho

voiture de course

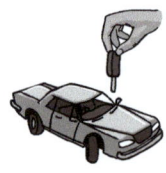

mota yekuhaya

voiture de location

kuhaya mota

auto-partage

mota inodhonza dzinenge dzafa

voiture de remorquage

mota yemabhini

benne à ordures

injini

moteur

mafuta

essence

garaji remafuta

station d'essence

chikwangwani chemumugwagwa

panneau indicateur

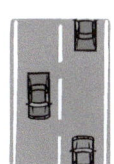

mota

trafic

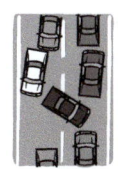

mota dzakawandisa

embouteillage

panopakwa mota

parking

chiteshi chezvitima

gare

njanji

rails

chitima

train

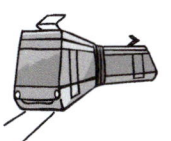

tram

tramway

chitima

wagon

chikopokopo

hélicoptère

nhandare yendege

aéroport

nharire

tour

mufambi

passager

chikondena

conteneur

kadhibhodhi bhokisi

carton

ngoro

chariot

bhasiketi

corbeille

simuka / mhara

décoller / atterrir

guta

ville

musha

village

pakati peguta

centre-ville

imba

maison

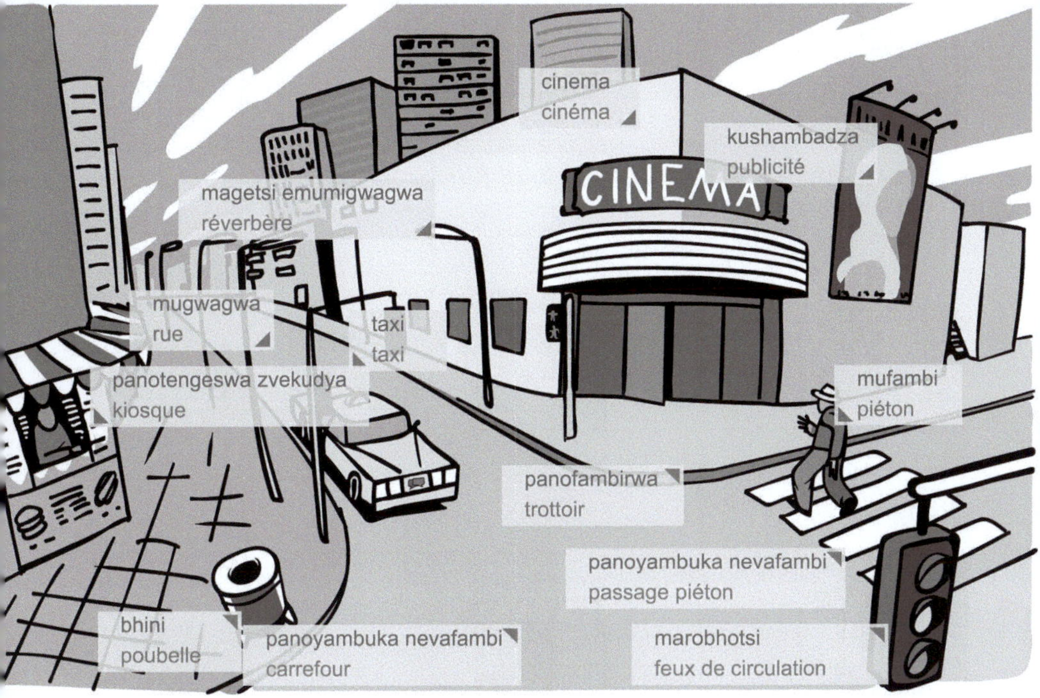
cinema
cinéma
kushambadza
publicité
CINEMA
magetsi emumigwagwa
réverbère
mugwagwa
rue
taxi
taxi
panotengeswa zvekudya
kiosque
mufambi
piéton
panofambirwa
trottoir
panoyambuka nevafambi
passage piéton
bhini
poubelle
panoyambuka nevafambi
carrefour
marobhotsi
feux de circulation

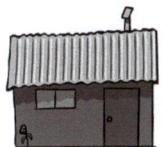

imba
cabane

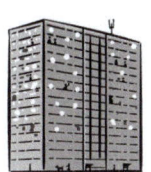

mafurati
appartement

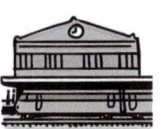

chiteshi chezvitima
gare

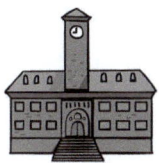

imba yeguta
mairie

MUSEUM

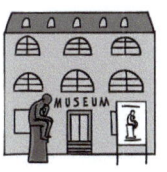

muziyamu
musée

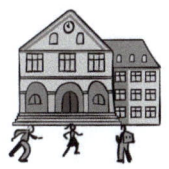

chikoro
école

yunivhesiti
université

bhengi
banque

chipatara
hôpital

hotera
hôtel

panotengeswa mishonga
pharmacie

hofisi
bureau

chitoro chemabhuku
librairie

chitoro
magasin

panotengeswa maruva
fleuriste

supamaketi
supermarché

musika
marché

chitoro chine madhipatimendi
grand magasin

panotengeswa hove
poissonnerie

nzimbo ine zvitoro
centre commercial

chiteshi chengarava
port

paki

parc

bhenji

banque

bhiriji

pont

masitepisi

escaliers

nzira inoenda nepasi

métro

mugwagwa wepasi

tunnel

panokwirirwa mabhazi

arrêt de bus

bhawa

bar

resitorendi

restaurant

bhokisi retsamba

boîte à lettres

chikwangwani
chemugwagwa
panneau indicateur

mita yekupaka

parcmètre

unochengeterwa mhuka

zoo

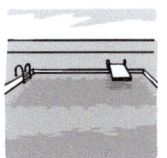

kunotuhwinirwa

piscine

mosque

mosquée

purazi

ferme

kusvibisa

pollution

kumakuva

cimetière

chechi

église

pekutambira

aire de jeux

temberi

temple

mamiriro akaita nzvimbo
paysage

shizha
feuille

chikwangwani
panneau indicateur

nzira
chemin

mafuro
pré

dombo
pierre

mufambi
randonneur

muti
arbre

rwizi
rivière

uswa
herbe

ruva
fleur

mupata

vallée

gomo

montagne

dhamu

lac

sango

forêt

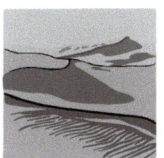

gwenga

désert

chikwatamabwe

volcan

zimba

château

muraraungu

arc-en-ciel

hohwa

champignon

muchindwe

palmier

umhutu

moustique

nhunzi

mouche

svosve

fourmis

nyuchi

abeille

buve

araignée

chipembenene

coléoptère

datya

grenouille

tsindi

écureuil

nungu

hérisson

tsuro

lièvre

zizi

chouette

shiri

oiseau

swan

cygne

nguruve yemusango

sanglier

nondo

cerf

moose

élan

dhamu

barrage

injini yemhepo

éolienne

panero rezuva

panneau solaire

mamiriro ekunze

climat

resitorendi
restaurant

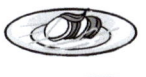

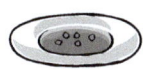

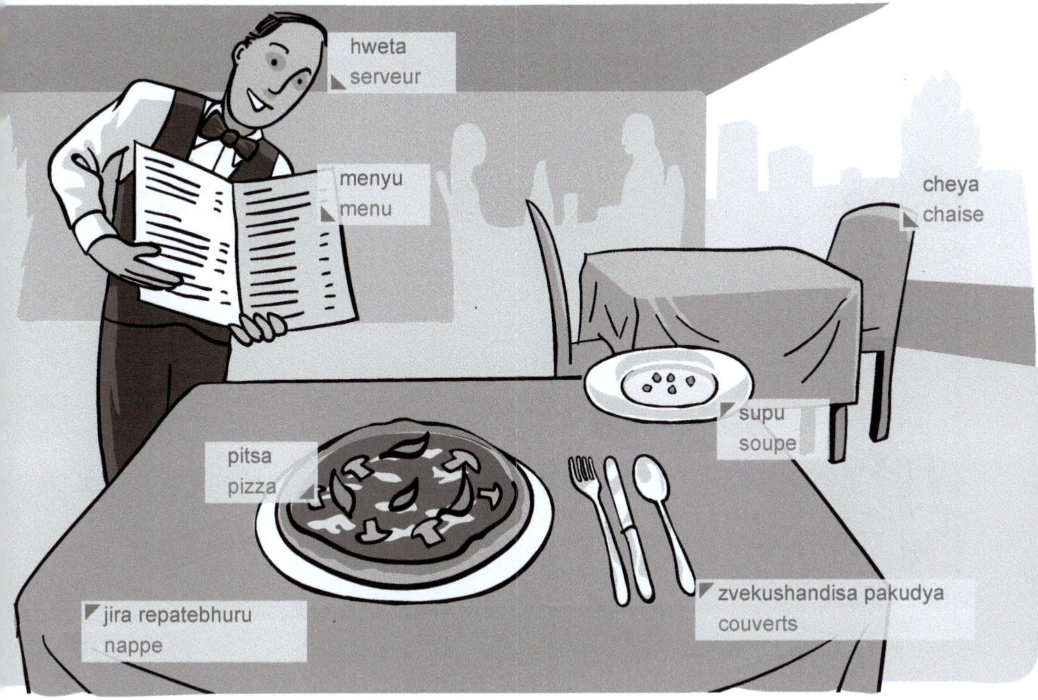
hweta
serveur
menyu
menu
cheya
chaise
supu
soupe
pitsa
pizza
jira repatebhuru
nappe
zvekushandisa pakudya
couverts

zvekusosa nzara

hors d'œuvre

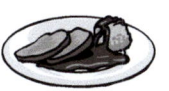

zvekudya

plat principal

zvekuseredzera

dessert

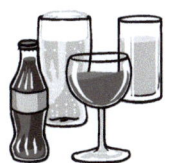

zvekunwa

boissons

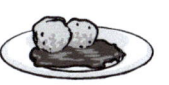

zvekudya

alimentation

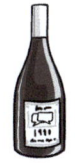

bhodhoro

bouteille

zvekudya zvisingatori nguva kubika

fast-food

chikafu chinotengeswa munzira

plats à emporter

tipoti

théière

gabha reshuga

sucrier

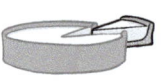

chidimbu

portion

muchina wekofi

machine à expresso

cheya yemwana

chaise haute

bhiri

facture

tureyi

plateau

banga

couteau

forogo

fourchette

chipunu

cuillère

chipunu

cuillère à thé

zvekupukutisa muromo

serviette

girazi

verre

ndiro

assiette

ndiro yesupu

assiette à soupe

ndiro

soucoupe

supu

sauce

chekuisira sauti

salière

chekugaya mhiripiri

moulin à poivre

vhiniga

vinaigre

mafuta

huile

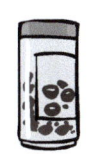

masipaisi

épices

ketchup

ketchup

mustard

moutarde

mayonaizi

mayonnaise

supamaketi
supermarché

zvaderedzwa mitengo
offre promotionnelle
FOR
mutengi
client
zvinogadzirwa nemukaka
produits laitiers
michero
fruits
chingoro
chariot

BUTCHERS

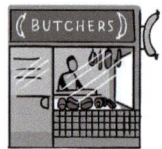

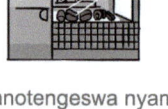

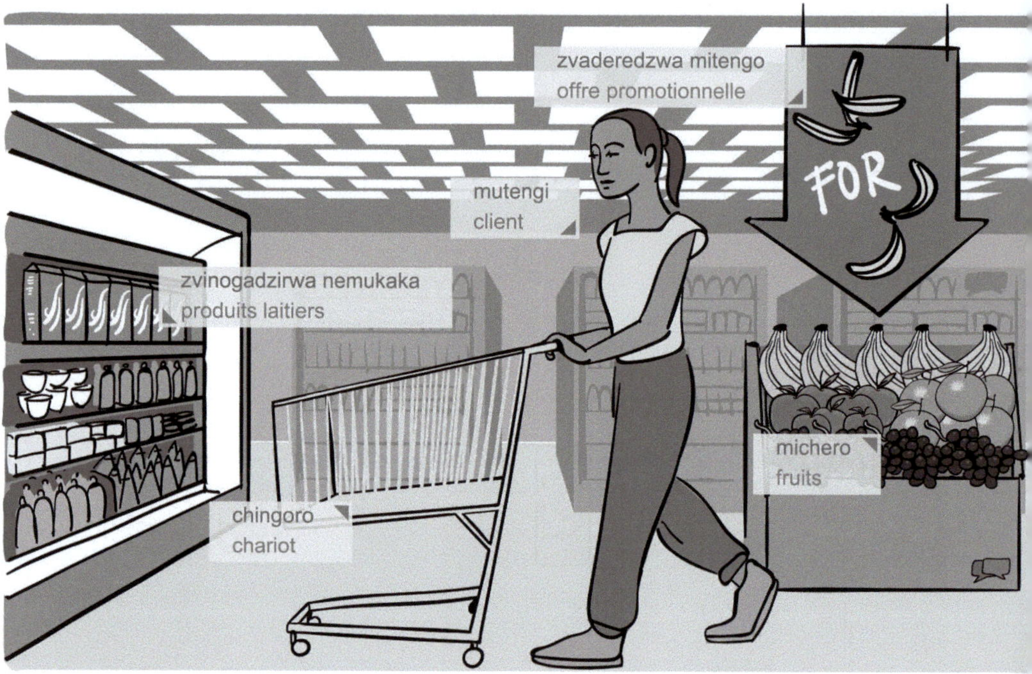

panotengeswa nyama

boucherie

BAKERY

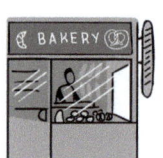

panotengeswa chingwa

boulangerie

kuyera

peser

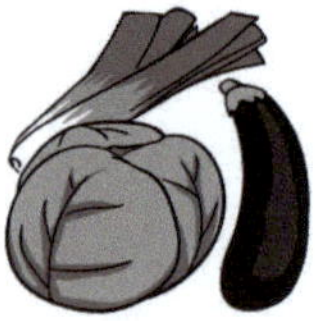

miriwo

légumes

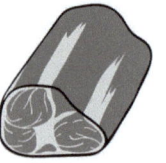

nyama

viande

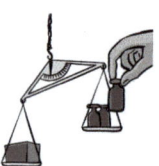

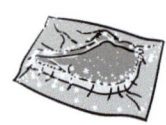

zvekudya zvakaoma nechando

aliments surgelés

nyama yakatonhora

charcuterie

zvekudya zvemugaba

conserves

sipo yeupfu yekuwachisa

poudre à lessive

masuwiti

bonbons

zvekushandisa mumba

articles ménagers

zvekuchenesa nazvo

détergents

mutengesi

vendeuse

tiru

caisse

mutengesi

caissier

zviri kuda kutengwa

liste d'achats

nguva dzekuvhura

heures d'ouverture

chikwama

portefeuille

kadhi rekubhengi

carte de crédit

bhegi

sac

pepa rekuisira

sac en plastique

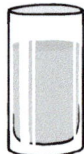

mvura

eau

muto wemichero

jus de fruit

mukaka

lait

coke

coca

waini

vin

doro

bière

doro

alcool

cocoa

chocolat chaud

tii

thé

kofi

café

kofi

expresso

cappuccino

cappuccino

bhanana

banane

apuro

pomme

orenji

orange

nwiwa

melon

ndimu

citron

karotsi

carotte

gariki

ail

mushenjere

bambou

hanyanisi

oignon

hohwa

champignon

nzungu

noisettes

manoodle

pâtes

spaghetti

spaghetti

mupunga

riz

saradhi

salade

machipisi

pommes frites

mbatatisi dzakafuraiwa

pommes de terre rôties

pitsa

pizza

chingwa chakaruma nyama

hamburger

sangweji

sandwich

nhindi

escalope

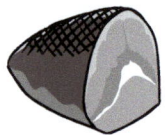

ham

jambon

salami

salami

soseji

saucisse

huku

poulet

gochwa

rôti

hove

poisson

bota reoats

flocons d'avoine

muesli

muesli

macornflake

cornflakes

furawa

farine

croissant

croissant

chingwa

petits-pains

chingwa

pain

chingwa chakagochwa

pain grillé

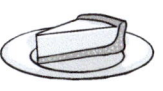

mabhisikiti

biscuits

bhata

beurre

ige

le fromage blanc

keke

gâteau

zai

œuf

zai rakafuraiwa

œuf au plat

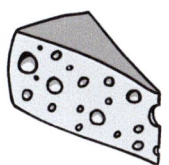

chizi

fromage

aizikirimu
....
glace

shuga
....
sucre

huchi
....
miel

jemu
....
confiture

chocolate yekuzora
....
crème nougat

curry
....
curry

purazi
ferme

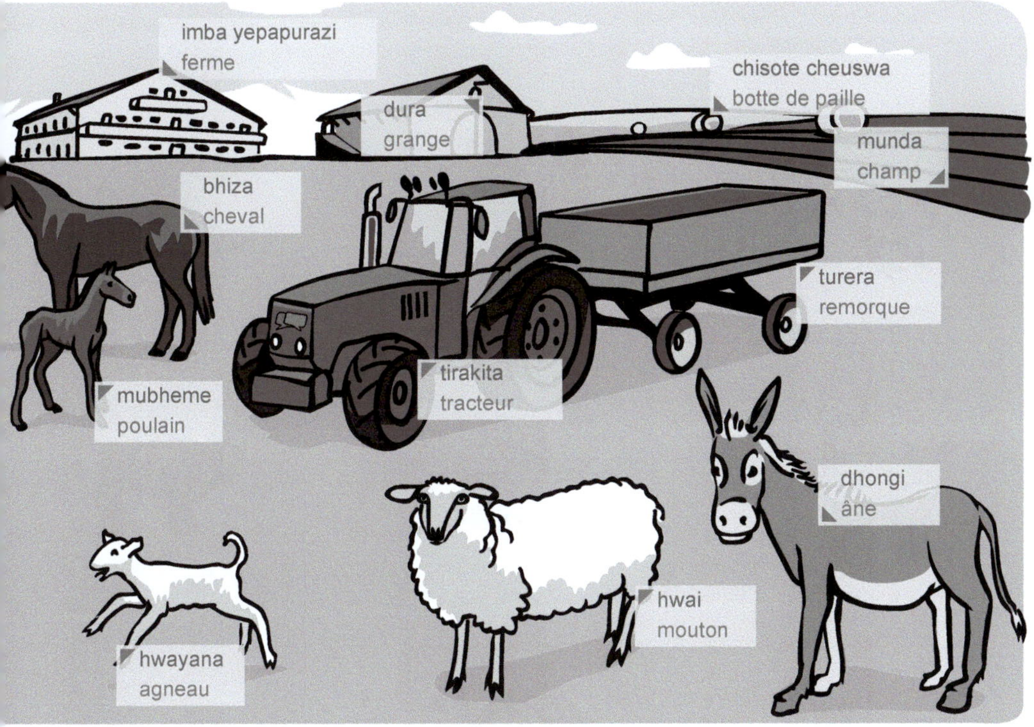

imba yepapurazi
ferme
dura
grange
chisote cheuswa
botte de paille
munda
champ
bhiza
cheval
turera
remorque
tirakita
tracteur
mubheme
poulain
dhongi
âne
hwai
mouton
hwayana
agneau

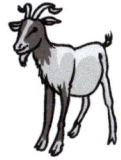

mbudzi

chèvre

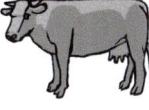

mhou

vache

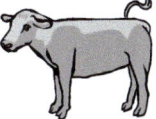

mhuru

veau

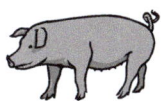

nguruve

porc

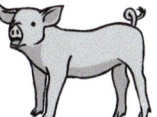

chigwi

porcelet

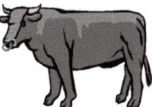

bhuru

taureau

dhadha

oie

dhakisi

canard

nhiyo

poussin

tseketsa

poule

jongwe

coq

gonzo

rat

katsi

chat

mbeva

souris

dhonza

bœuf

imbwa

chien

imba yembwa

chenil

pombi yemvura

tuyau de jardin

keni yekudiridzisa

arrosoir

jeko

faucheuse

gejo

charrue

jeko
faucille

badza
pioche

forogo
fourche

demo
hache

bhara
brouette

chidyiro
cuve

bhodhoro remukaka
pot à lait

saga
sac

fenzi
clôture

danga
étable

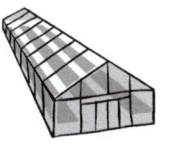

greenhouse
serre

ivhu
sol

mbeu
semences

fetereza
engrais

mota yekukohwesa
moissonneuse-batteuse

kukohwa

récolter

gohwo

récolte

mbatatisi

igname

gorosi

blé

soya

soja

mbatatisi

pomme de terre

chibage

maïs

rapeseed

colza

muti wemichero

arbre fruitier

mufarinya

manioc

mbesa

céréales

imba

maison

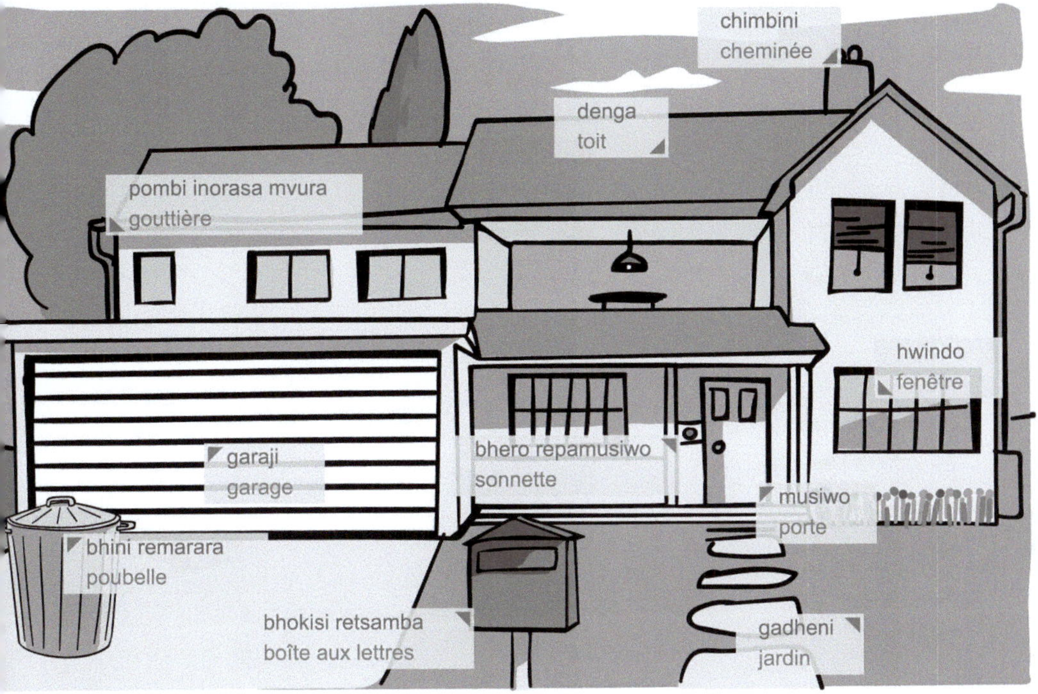
chimbini
cheminée
denga
toit
pombi inorasa mvura
gouttière
hwindo
fenêtre
garaji
garage
bhero repamusiwo
sonnette
musiwo
porte
bhini remarara
poubelle
bhokisi retsamba
boîte aux lettres
gadheni
jardin

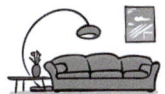

imba yekutandarira

salon

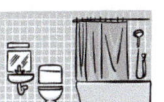

mekugezera

salle de bain

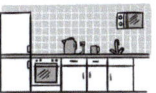

kicheni

cuisine

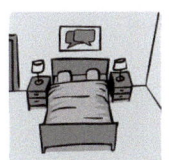

imba yekurara

chambre à coucher

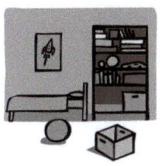

imba yemwana

chambre d'enfant

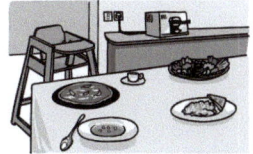

imba yekudyira

salle à manger

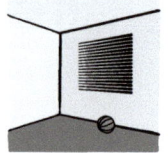

uriri
sol

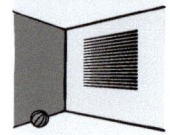

madziro
mur

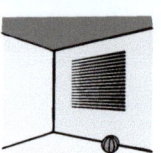

denga
plafond

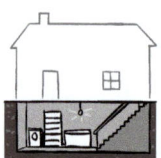

imba yepasi
cave

sauna
sauna

vharanda repadenga
balcon

uriri hwepadenga
terrasse

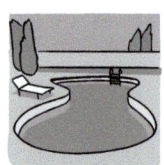

dziva rekushambira
piscine

muchina wekuchekesa
uswa
tondeuse à gazon

jira
housse

chekufukidza mubhedha
couette

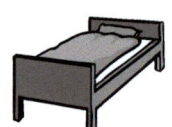

mubhedha
lit

bhurumu
balai

bhaketi
sceau

suwichi
interrupteur

imba yekutandarira
salon

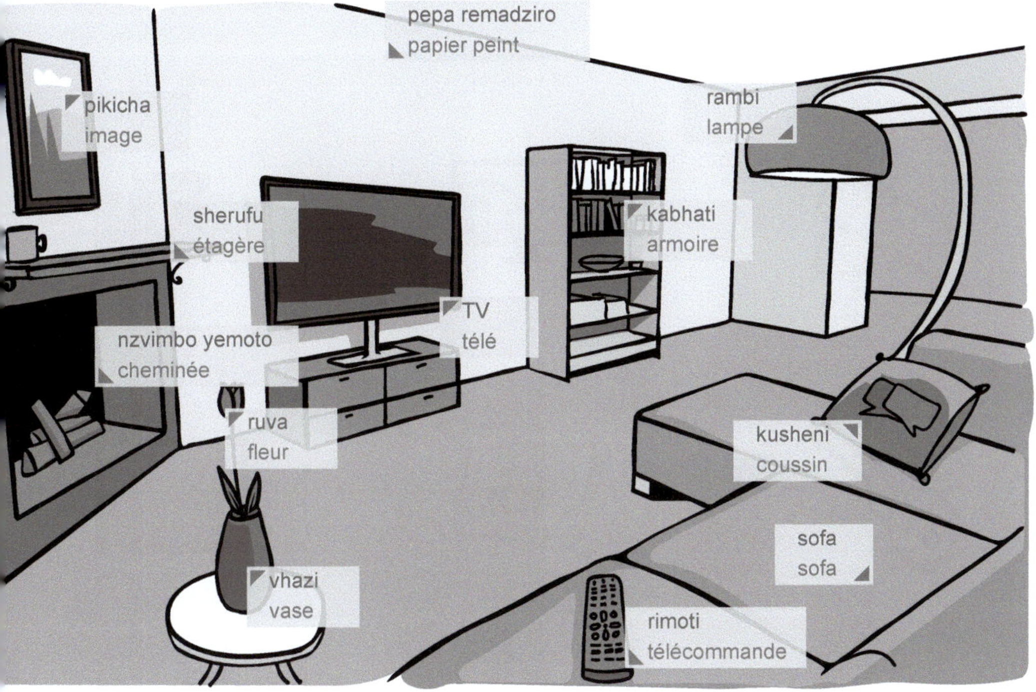
pepa remadziro
papier peint
pikicha
image
rambi
lampe
sherufu
étagère
kabhati
armoire
TV
télé
nzvimbo yemoto
cheminée
ruva
fleur
kusheni
coussin
sofa
sofa
vhazi
vase
rimoti
télécommande

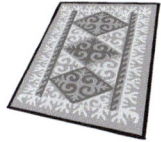

kapeti

tapis

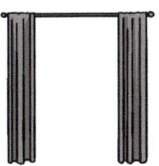

keteni

rideau

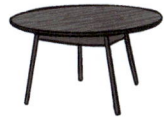

tebhuru

table

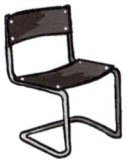

cheya

chaise

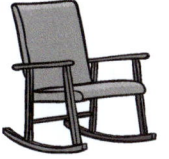

cheya inozeya

chaise à bascule

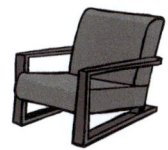

cheya ine pekuisa maoko

fauteuil

bhuku

livre

gumbeze

couverture

marongedzero

décoration

huni

bois de chauffage

firimu

film

redhiyo yehi-fi

chaîne hi-fi

kii

clé

pepanhau

journal

mufananidzo

peinture

posita

poster

redhiyo

radio

pekunyorera

bloc-notes

muchina wekuhuvhisa

aspirateur

chinanazi

cactus

kenduru

bougie

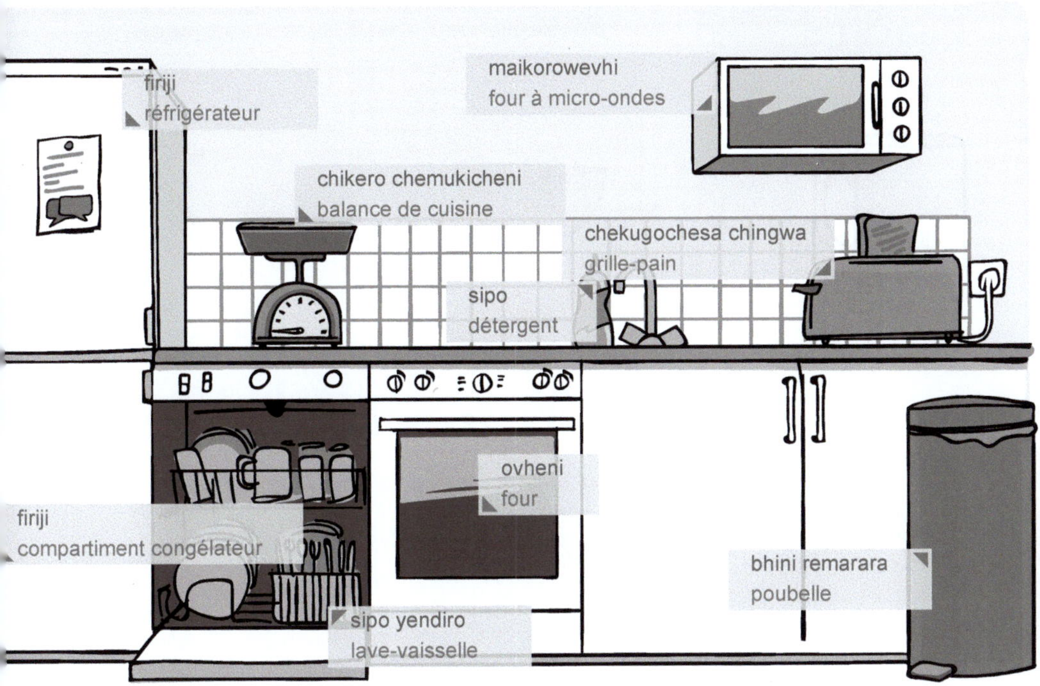

firiji
réfrigérateur

maikorowevhi
four à micro-ondes

chikero chemukicheni
balance de cuisine

chekugochesa chingwa
grille-pain

sipo
détergent

ovheni
four

firiji
compartiment congélateur

bhini remarara
poubelle

sipo yendiro
lave-vaisselle

chitofu
....
four

poto
....
casserole

poto yesimbi
....
marmite

wok / kadai
....
wok / kadai

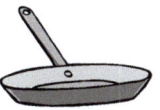

pani
....
poêle

ketero
....
bouilloire electrique

chekubikisa neutsi
hwemvura

cuiseur vapeur

turei yekubhekesa

plaque de cuisson

ndiro

vaisselle

kapu

gobelet

dishi

coupe

tumiti twekudyisa

baguettes

chipunu

louche

chipunu

spatule

chekusanganisisa

fouet

chekukunisa

passoire

chekukunisa

tamis

chekugiretesa

râpe

duri

mortier

chiwaya

barbecue

moto

cheminée

chekuchekera

planche à découper

chekutsimbiririsa
mukanyiwa

rouleau à pâtisserie

chekuvhurisa mabhodhoro
ewaini

tire-bouchon

tini

boîte

chekuvhurisa tini

ouvre-boîte

girovhosi rekubatisa
zvinopisa

maniques

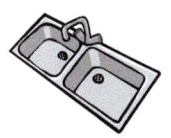

singi

lavabo

bhurasho

brosse

chipanji

éponge

chinosanganisa

mixeur

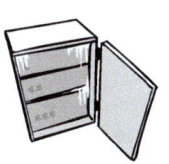

firiji

congélateur

bhodhoro remwana

biberon

pombi

robinet

mekugezera

salle de bain

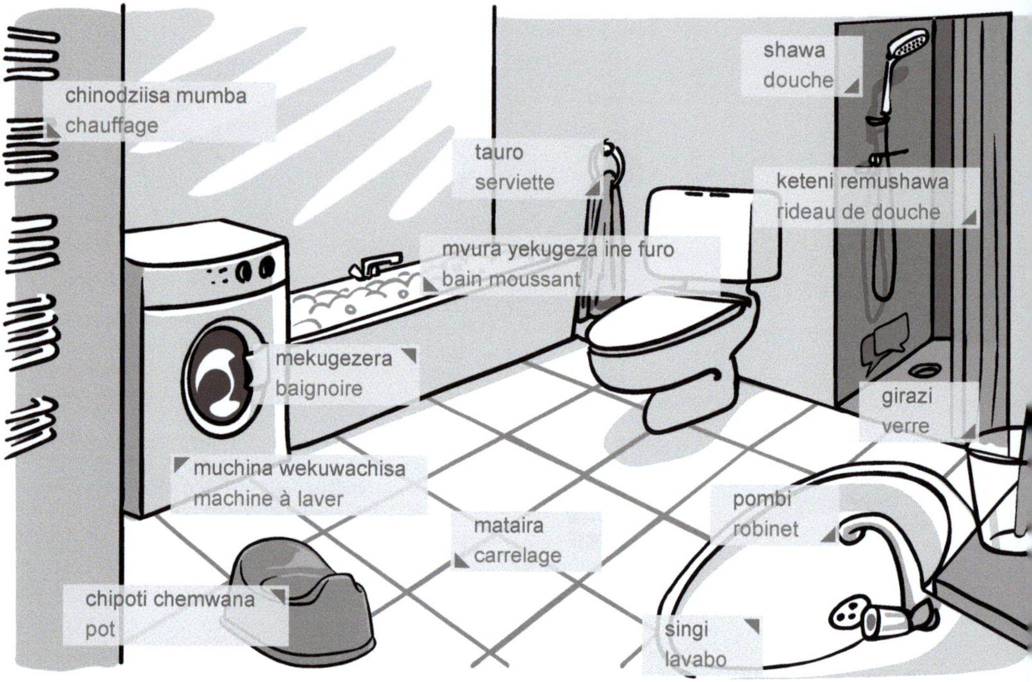

chinodziisa mumba
chauffage
tauro
serviette
shawa
douche
keteni remushawa
rideau de douche
mvura yekugeza ine furo
bain moussant
mekugezera
baignoire
girazi
verre
muchina wekuwachisa
machine à laver
pombi
robinet
mataira
carrelage
chipoti chemwana
pot
singi
lavabo

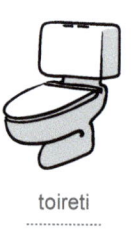

toireti

toilettes

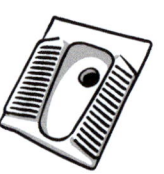

toireti yegomba

toilette à la turque

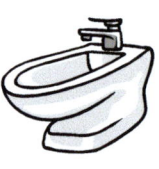

chemba

bidet

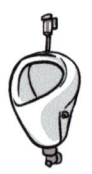

chekuitira weti chevarume

urinoir

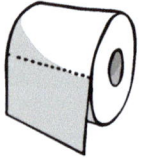

pepa remutoireti

papier toilette

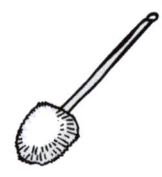

bhurasho remutoireti

brosse à toilette

bhurasho remazino

brosse à dents

mushonga wemazino

dentifrice

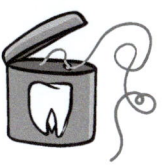

tambo yekugezesa mazino

fil dentaire

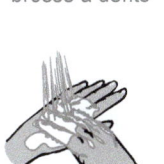

kugeza

laver

shawa yekuita zvekubata

douche manuelle

douche

douche intime

bheseni

vasque

bhurasho remusoro

brosse dorsale

sipo

savon

o yekugezesa mushawa

gel douche

shambuu

shampooing

chekugezesa

gant de toilette

dhireni

écoulement

mafuta

crème

chinonhuwirira

déodorant

girazi

miroir

girazi remumaoko

miroir cosmétique

chekugeresa ndebvu

rasoir

furo rekugeresa ndebvu

mousse à raser

mafuta ekuzora wagera ndebvu

après-rasage

kamu

peigne

bhurasho

brosse

chekuomesa bvudzi

sèche-cheveux

mushonga wekupfapfaidza musoro

laque pour cheveux

zvekupodesa

fond de teint

chekupendesa muromo

rouge à lèvres

chekupendesa nzara

vernis à ongles

donje

ouate

chigero chenzara

coupe-ongles

pefiyumu

parfum

bhegi rezvekugezesa

trousse de toilette

chituro

tabouret

chikero

pèse-personne

bathrobe

peignoir

magirovhosi erabha

gants de nettoyage

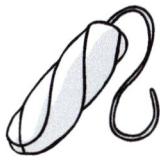

tampon

tampon

pedhi

serviettes hygiéniques

toireti inotakurwa

toilette chimique

imba yemwana
chambre d'enfant

wachi
réveil
chitoyi chekurara nacho
doudou
mota yekutambisa
voiture jouet
hosho
hochet
kamba kezvidhori
maison de poupée
chipo
cadeau

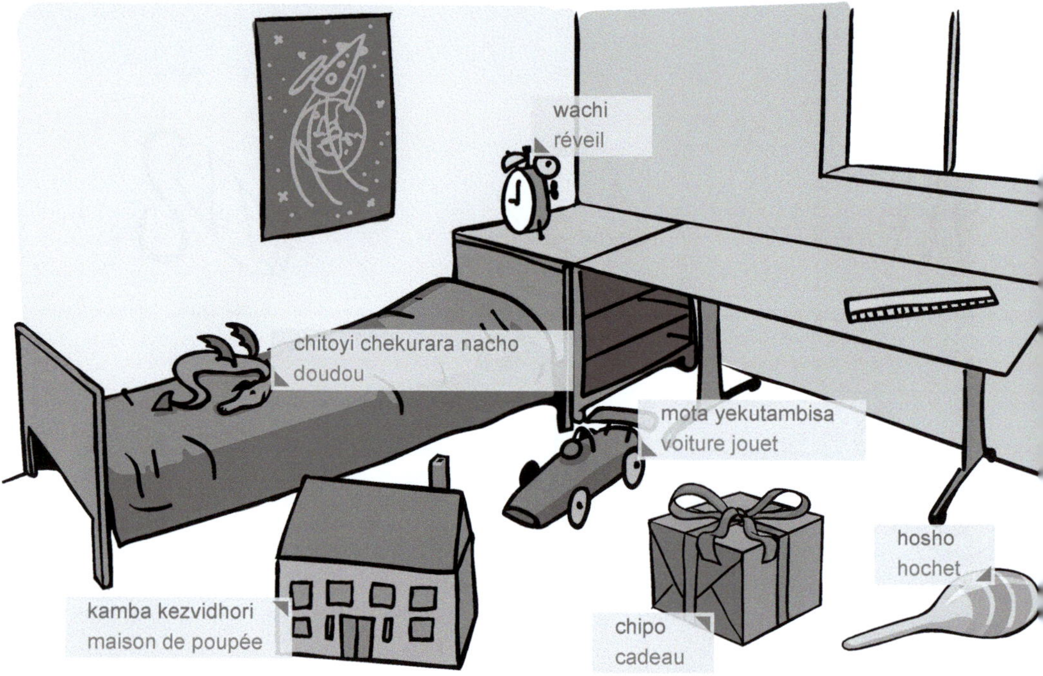

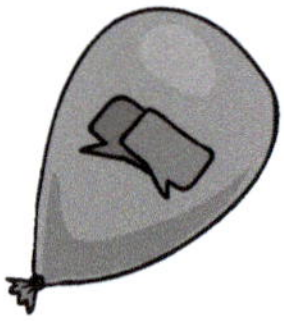

chibharuma

ballon

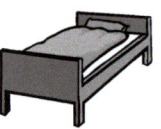

mubhedha

lit

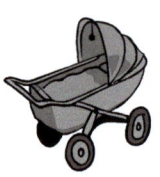

purema

poussette

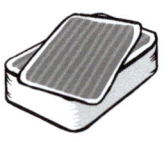

makadhi ekutamba

jeu de cartes

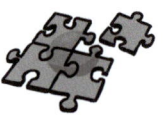

puzzle

puzzle

SUPER MEGA

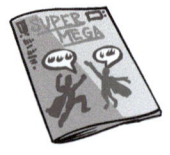

makatuni ekuverenga

bande dessinée

zvekuvakisa zvinhu

pièces lego

mabhuroko ekuvakisa

blocs de construction

chidhori

figurine

babygrow

grenouillère

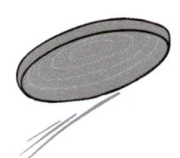

chekutambisa uchikanda

frisbee

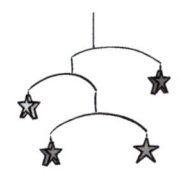

zvekuvaraidza mwana

mobile

gemu rinotambirwa
pabhodhi

jeu de société

dhaisi

dé

zvitima zvekutambisa

train miniature

chidhami

sucette

mabiko

fête

bhuku remapikicha

livre d'images

bhora

balle

chidhori

poupée

kutamba

jouer

majecha ekutambira

bac à sable

muzeerere

balançoire

zvekutambisa

jouets

chekutambisa magemu
emavhidhiyo

console de jeu

kabhasikoro kemavhiri
matatu

tricycle

teddy bear

ours en peluche

wadhiropu

armoire

zvipfeko

vêtements

masokisi

chaussettes

masokisi

bas

matirauzi anobata muviri

collant

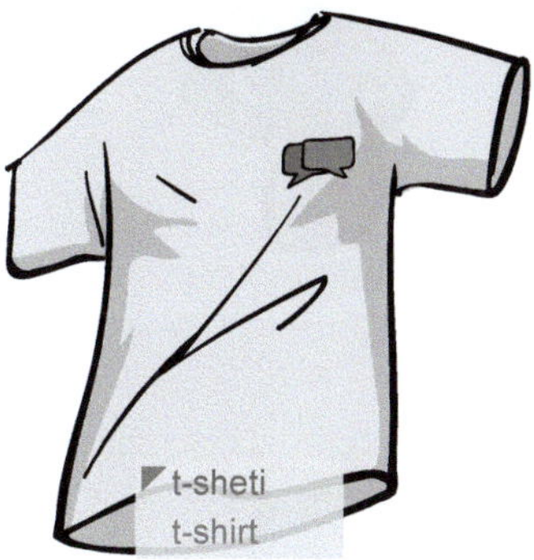

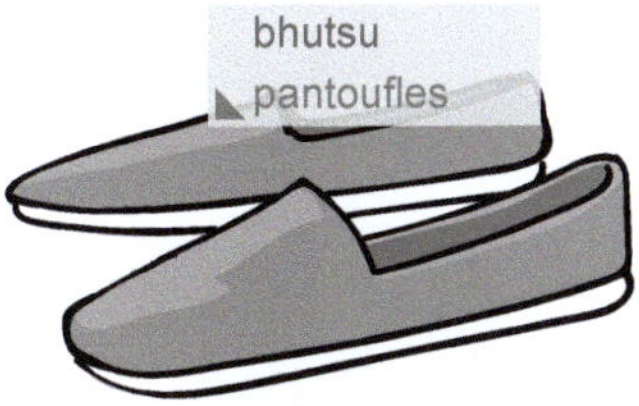

sikavha
écharpe

bhandi
ceinture

amburera
parapluie

t-sheti
t-shirt

majombo
bottes

bhutsu
pantoufles

bhutsu
baskets

masanduru
·················
sandales

bhutsu
·················
chaussures

magambutsu
·················
bottes de caoutchouc

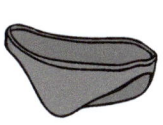

nduwe
·················
sous-vêtements

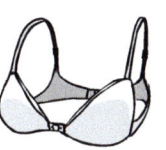

bhodhi
·················
soutien-gorge

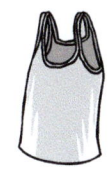

vhesi
·················
maillot de corps

zvipfeko - vêtements

muviri

body

tirauzi

pantalon

jini

jean

siketi

jupe

bhurauzi

chemisier

hembe

chemise

bhachi

pull

chibhachi

sweat à capuche

bhachi

veste

bhachi

veste

jasi

manteau

renikoti

imperméable

koshitomu

costume

dhirezi

robe

dhirezi remuchato

robe de mariée

sutu

costume

hembe yekurarisa

chemise de nuit

mapijama

pyjama

chari

sari

headscarf

foulard

heti

turban

burqa

burqa

kaftan

caftan

abaya

abaya

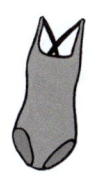

hembe yekutuhwinisa

maillot de bain

chikabudura

maillot de bain

chikabudura

short

tirekisutu

tenue d'entraînement

apuroni

tablier

magirovhosi

gants

bhatani
bouton

magirazi
lunettes

bhenguru
bracelet

chuma
collier

rin'i
bague

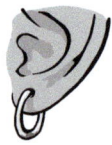

mhete
boucle d'oreille

kepisi
bonnet

hen'a
cintre

heti
chapeau

tai
cravate

zipi
fermeture éclair

herumeti
casque

mabhandi
bretelles

yunifomu yekuchikoro
uniforme scolaire

yunifomu
uniforme

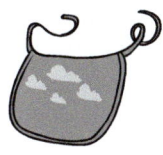

chibhibhi

bavoir

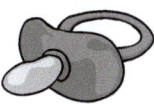

chidhami

sucette

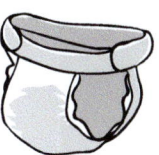

napukeni

lange

hofisi
bureau

server
serveur
kabhineti
armoire d'archivage
muchina wekuprindisa
imprimante
pepa
papier
sikirini
écran
mouse
souris
tafura
bureau
fayera
classeur
keyboard
clavier
bhini remapepa
corbeille à papier
kombiyuta
ordinateur
cheya
chaise

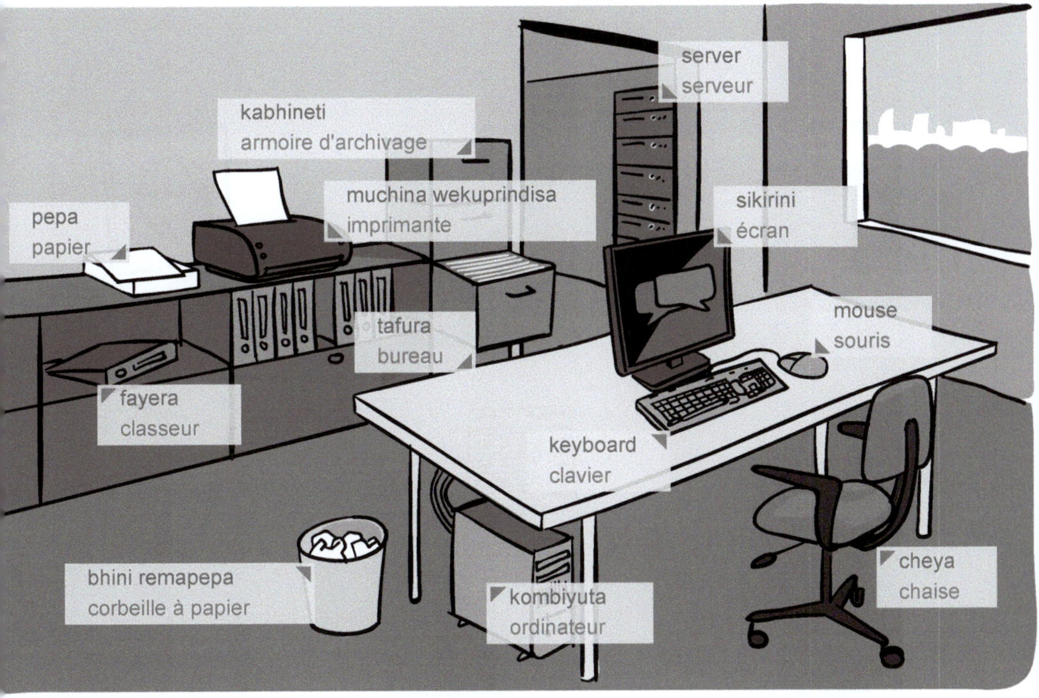

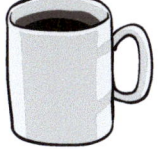

kapu yekofi

tasse de café

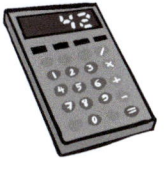

kakureta

calculatrice

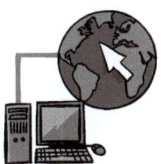

indaneti

internet

laptop

ordinateur portable

tsamba

lettre

tsamba

message

serura

portable

network

réseau

muchina wekufotokopesa

photocopieuse

software

logiciel

foni

téléphone

pekupfekera magetsi

prise

muchina wefax

fax

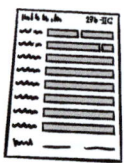

fomu

formulaire

gwaro

document

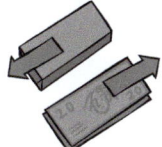

kutenga

acheter

kubhadhara

payer

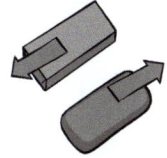

kutengesa

faire du commerce

mari

monnaie

Dhora

dollar

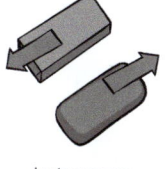

Euro

euro

Yen

yen

rouble

rouble

Swiss franc

franc suisse

renminbi yuan

renminbi yuan

rupee

roupie

panobhadharwa

distributeur automatique

panochinjwa mari

bureau de change

goridhe

or

sirivha

argent

mafuta

pétrole

magetsi

énergie

mutengo

prix

chibvumirano

contrat

mutero

taxe

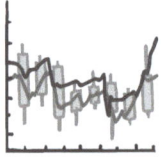

masitoku

action

kushanda

travailler

mushandi

employé

mushandirwi

employeur

fekitari

usine

chitoro

magasin

mabasa
professions

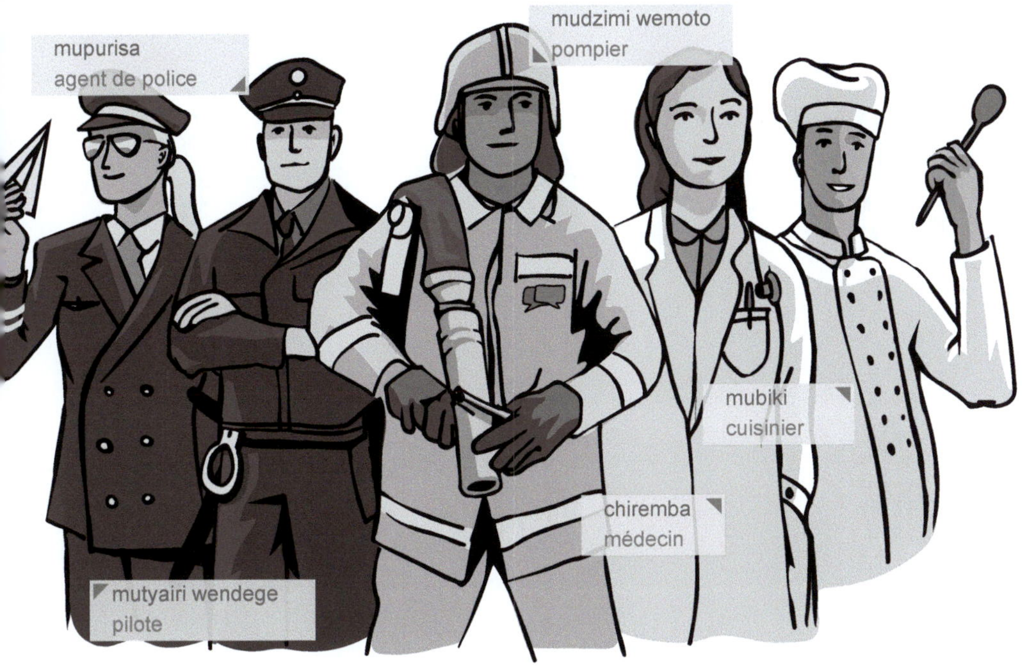
mupurisa
agent de police
mudzimi wemoto
pompier
mubiki
cuisinier
chiremba
médecin
mutyairi wendege
pilote

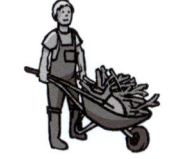

nushandi wemugadheni

jardinier

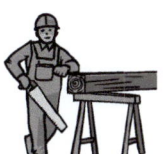

muvezi

menuisier

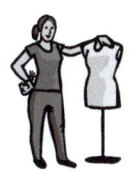

mukadzi anosona

couturière

mutongi

juge

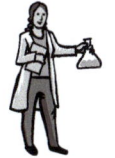

anoita zvemishonga

chimiste

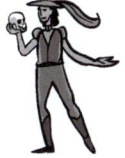

ekita

acteur

mutyairi webhazi

conducteur de bus

mutyairi wetaxi

chauffeur de taxi

muredzi

pêcheur

mudzimai anochenesa

femme de ménage

anogadzira denga

couvreur

hweta

serveur

muvhimi

chasseur

anopenda

peintre

mubiki wechingwa

boulanger

mugadziri wemagetsi

électricien

muvaki

ouvrier

injiniya

ingénieur

mushandi wemubhucha

boucher

puramba

plombier

positimeni

facteur

musoja

soldat

anoita mapurani edzimba

architecte

mutengesi

caissier

mugadziri wemaruva

fleuriste

mugadziri wemusoro

coiffeur

kondakita

contrôleur

makanika

mécanicien

kaputeni

capitaine

chiremba wemazino

dentiste

musayindisti

scientifique

rabbi

rabbin

imam

imam

mumonk

moine

mufundisi

prêtre

maturusi

outils

sando
marteau
pinjisi
pinces
sikuruudhiraivha
tournevis
chipanera
clé
tochi
torche

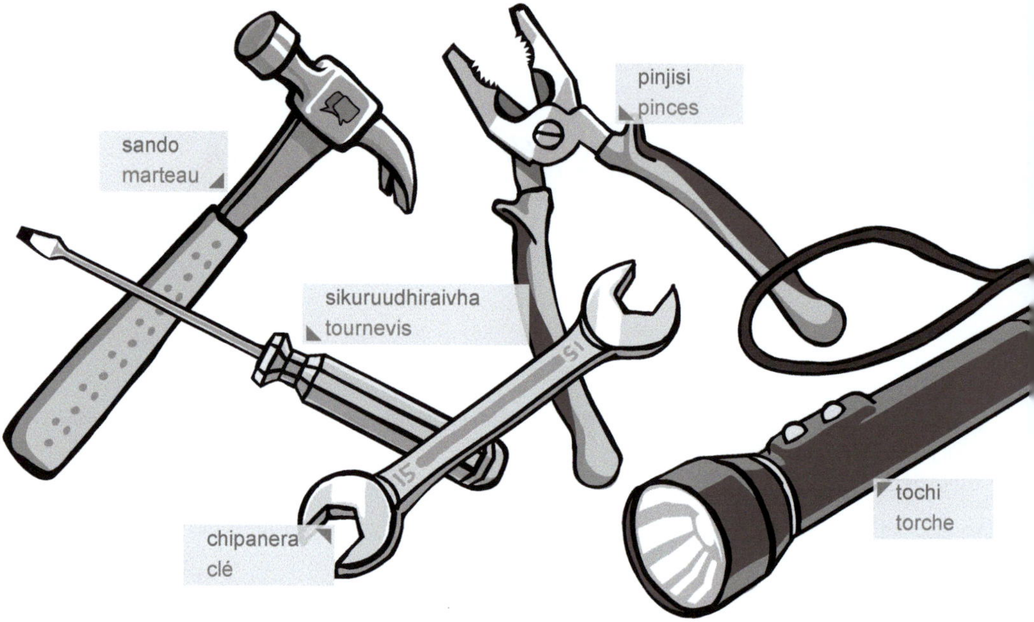

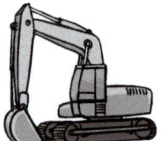

chikatapira

pelleteuse

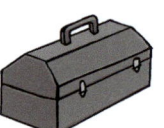

bhokisi rematurusi

boîte à outils

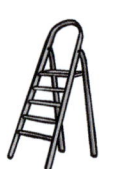

manera

échelle

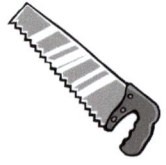

saha

scie

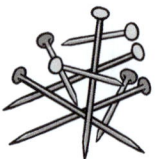

zvipikiri

clous

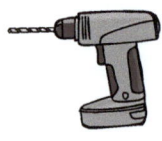

chibooreso

perceuse

kugadzira
....
réparer

foshoro
....
pelle

Nxa!
....
Mince !

chidyoreso
....
pelle

gaba rependi
....
pot de peinture

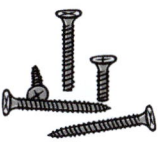

masikuruu
....
vis

zviridzwa

instruments de musique

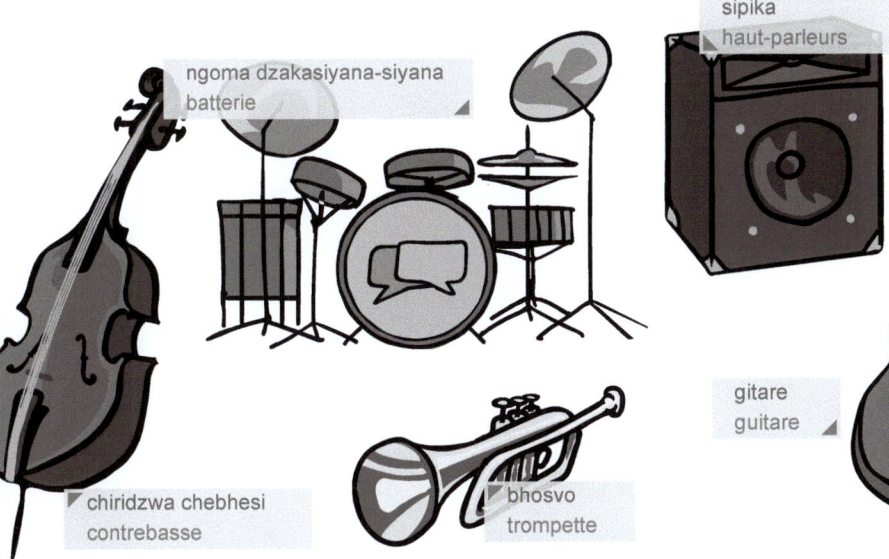

sipika
haut-parleurs

ngoma dzakasiyana-siyana
batterie

gitare
guitare

chiridzwa chebhesi
contrebasse

bhosvo
trompette

piyano
piano

violin
violon

gitare rebhesi
basse

ngoma
timbales

ngoma
tambour

piyano yemagetsi
piano électrique

saxophone
saxophone

nyere
flûte

maikorofoni
microphone

munochengeterwa mhuka

zoo

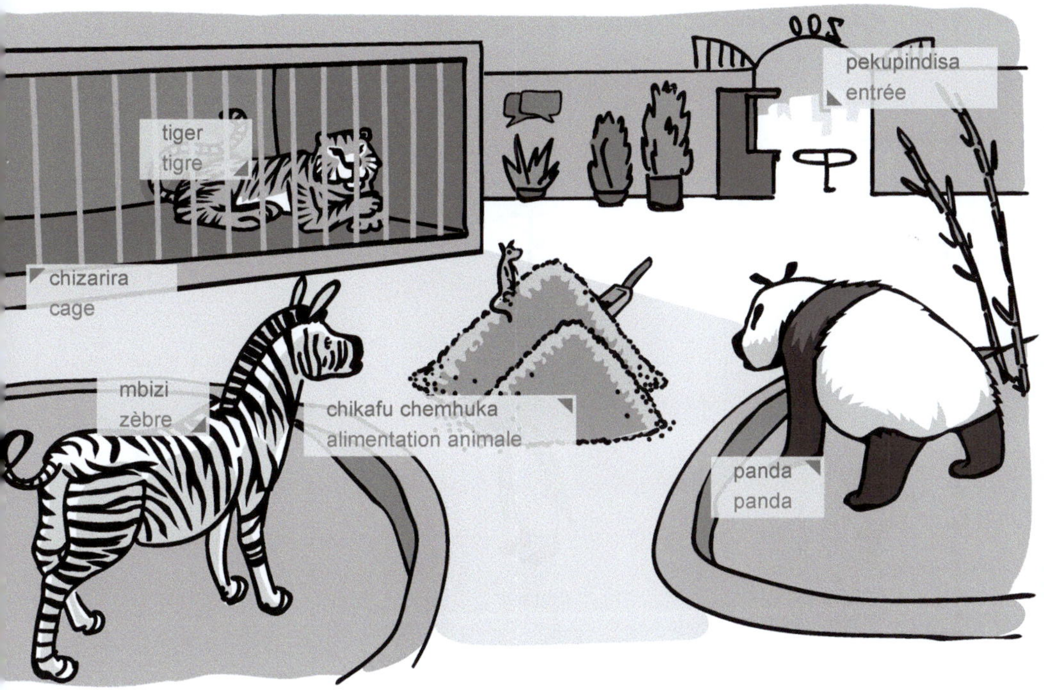

zoo
pekupindisa
entrée
tiger
tigre
chizarira
cage
mbizi
zèbre
chikafu chemhuka
alimentation animale
panda
panda

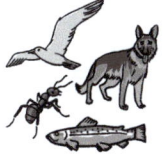

mhuka

animaux

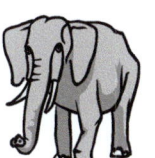

nzou

éléphant

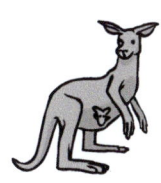

kangaruru

kangourou

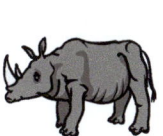

chipembere

rhinocéros

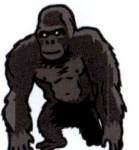

gorilla

gorille

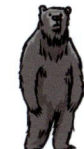

bear

ours

ngamera

chameau

mhou

autruche

shumba

lion

tsoko

singe

flamingo

flamand rose

parrot

perroquet

bear rekuchando

ours polaire

penguin

pingouin

shark

requin

pikoko

paon

nyoka

serpent

garwe

crocodile

muchengeti wenzvimbo
yemhuka

gardien de zoo

seal

phoque

jaguar

jaguar

nyurusi

poney

ingwe

léopard

mvuu

hippopotame

twiza

girafe

gondo

aigle

nguruve yemusango

sanglier

hove

poisson

kamba

tortue

walrus

morse

gava

renard

nhoro

gazelle

bhora rekuAmerica
american Football

kuchovha
cyclisme

tenisi
tennis

bhora rebhasiketi
basket-ball

kutuhwina
natation

hockey yemuchando
hockey sur glace

tsiva
boxe

nhabvu
football

badminton
badminton

zvekumhanya
athlétisme

bhora remaoko
handball

kuita ski
ski

polo
polo

62   mitambo - sports

mabasa
activités

kuseka
rire
kusvetuka
sauter
kumbundira
embrasser
kufamba
marcher
kuimba
chanter
kurota
rêver
kunyengetera
prier
kutsvoda
faire la bise

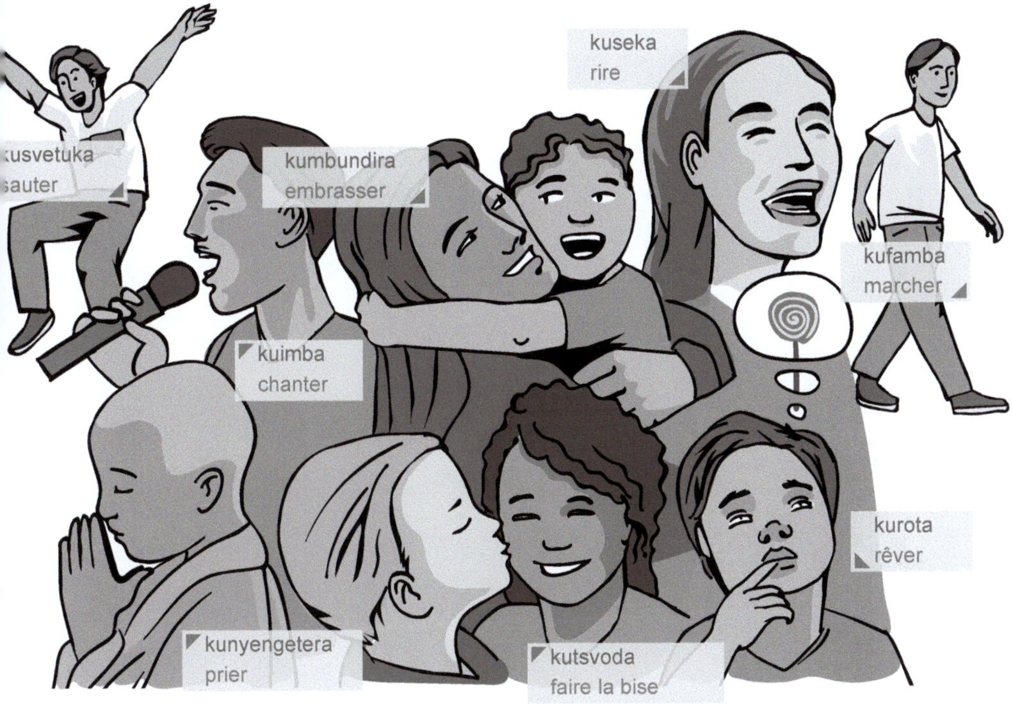

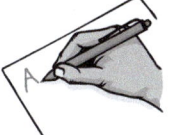

nyora
écrire

kudhirowa
dessiner

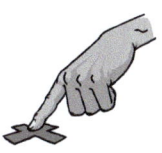

kuratidza
montrer

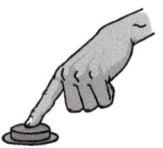

kusunda
pousser

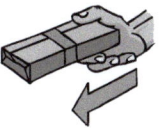

kupa
donner

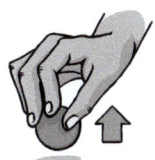

kutora
prendre

kuva ne
....
avoir

kuita
....
faire

kuva
....
être

kumira
....
être debout

kumhanya
....
courir

kudhonza
....
trier

kukanda
....
jeter

kudonha
....
tomber

kurara
....
être couché

kumirira
....
attendre

kutakura
....
porter

kugara
....
être assis

kupfeka
....
s'habiller

kurara
....
dormir

kumuka
....
se réveiller

kutarisa

regarder

kuchema

pleurer

kupuruzira

caresser

kukama

peigner

kutaura

parler

kunzwisisa

comprendre

kubvunza

demander

kuteerera

écouter

kunwa

boire

kudya

manger

kuchenesa

ranger

kuda

aimer

kubika

cuire

kutyaira

conduire

kubhururuka

voler

kufambiswa nemhepo

faire de la voile

kakureta

calculer

kuverenga

lire

kudzidza

apprendre

kushanda

travailler

kuroora / kuroorwa

se marier

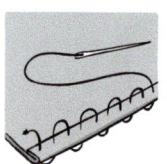

kusona

coudre

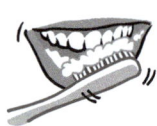

kukwesha mazino

brosser les dents

kuuraya

tuer

kuputa

fumer

kutumira

envoyer

ambuya
grand-mère

sekuru
grand-père

baba
père

amai
mère

mwana
bébé

mwanasikana
fille

mwanakomana
fils

muenzi

hôte

tete

tante

sekuru

oncle

hanzvadzikomana

frère

hanzvadzisikana

sœur

muviri

corps

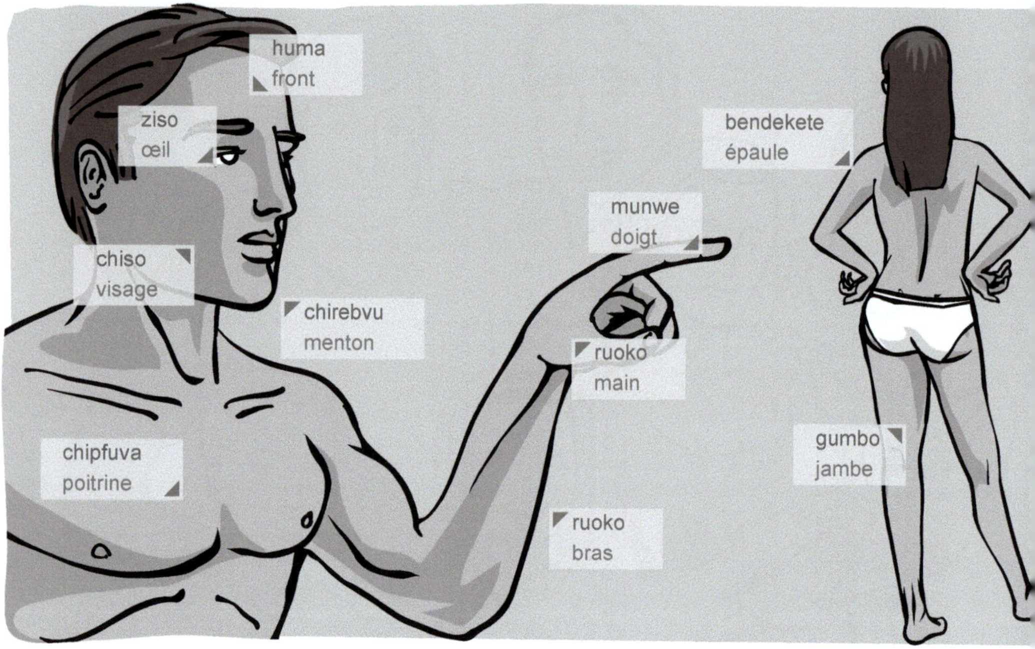
huma
front
ziso
œil
bendekete
épaule
munwe
doigt
chiso
visage
chirebvu
menton
ruoko
main
gumbo
jambe
chipfuva
poitrine
ruoko
bras

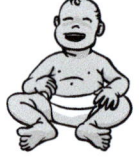

mwana

bébé

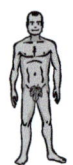

murume

homme

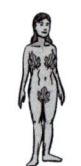

mukadzi

femme

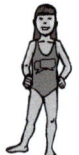

musikana

fille

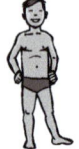

mukomana

garçon

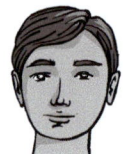

musoro

tête

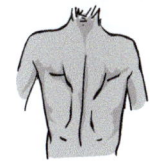

musana

dos

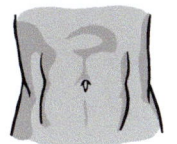

dumbu

ventre

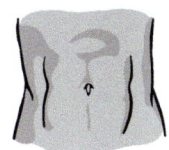

guvhu

nombril

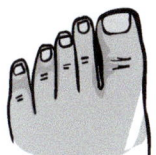

chigunwe

orteil

chitsitsinho

talon

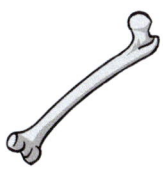

bhonzo

os

hudyu

hanche

ibvi

genou

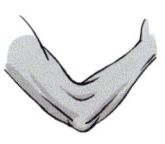

gokora

coude

mhino

nez

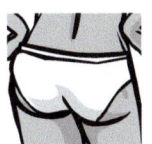

garo

fesses

ganda

peau

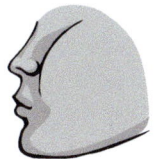

dama

joue

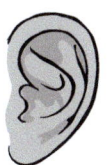

nzeve

oreille

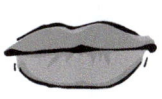

muromo

lèvre

mukanwa

bouche

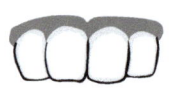

zino

dent

rurimi

langue

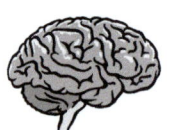

uropi

cerveau

mwoyo

cœur

tsandanyama

muscle

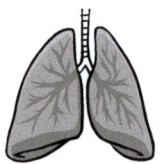

bapu

poumons

chitaka

foie

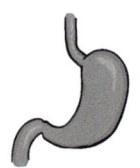

dumbu

estomac

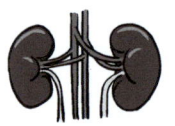

itsvo

reins

kuita bonde

rapport sexuel

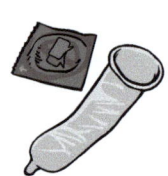

kondomu

préservatif

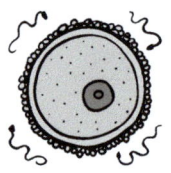

zai

ovule

urume

sperme

nhumbu

grossesse

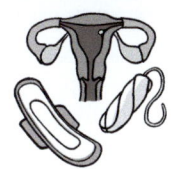

kuenda kumwedzi
....
menstruation

sikarudzi
....
vagin

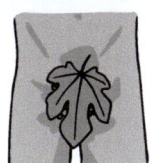

mboro
....
pénis

tsiye
....
sourcil

bvudzi
....
cheveux

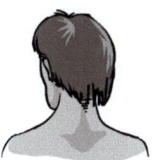

mutsipa
....
cou

chipatara
hôpital

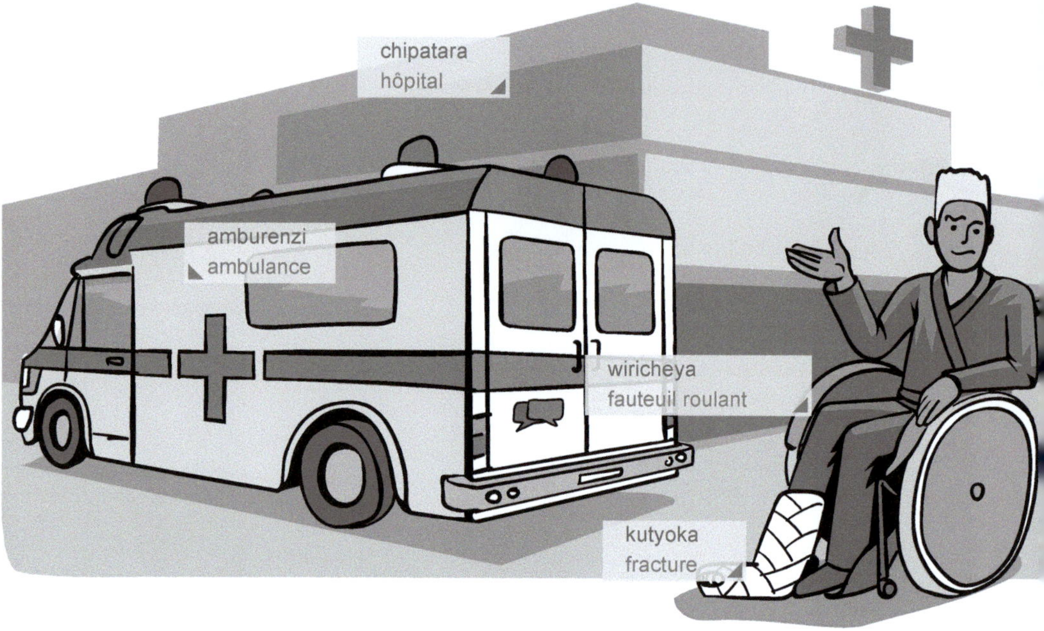

chipatara
hôpital
amburenzi
ambulance
wiricheya
fauteuil roulant
kutyoka
fracture

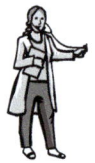

chiremba

médecin

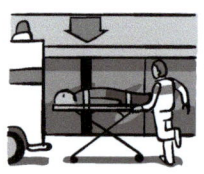

imba yerubatsiro

service des urgences

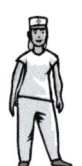

nesi

infirmière

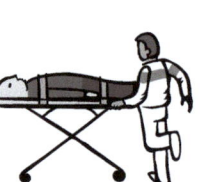

zvekukurumidza

urgence

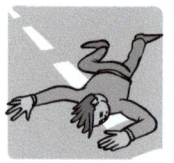

kufenda

inconscient

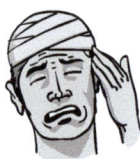

rwadza

douleur

kukuvara
....
blessure

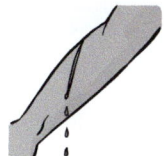

kubuda ropa
....
hémorragie

kuerekana mwoyo
usisashandi
....
crise cardiaque

kuoma rutivi
....
attaque cérébrale

zvinorwarisa
....
allergie

chikosoro
....
toux

fivha
....
fièvre

furuu
....
grippe

manyoka
....
diarrhée

kutemwa nemusoro
....
mal de tête

mhuka
....
cancer

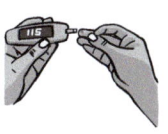

chirwere cheshuga
....
diabète

muvhiyi
....
chirurgien

kabanga keoparesheni
....
scalpel

oparesheni
....
opération

chipatara - hôpital

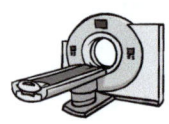

CT

CT

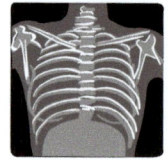

x-ray

radiographie

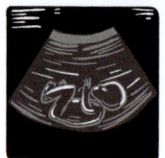

ultrasound

échographie

chekuvharisa mhino
nemuromo

masque

chirwere

maladie

mekumirira kurapiwa

salle d'attente

chidhondoro

béquille

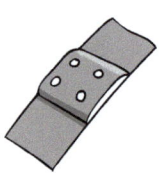

purasita

pansement

bhandiji

pansement

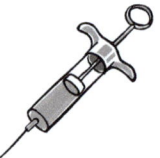

jekiseni

injection

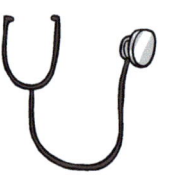

chekuteerera nacho mukati

stéthoscope

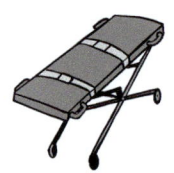

kamubhedha kemurwere

brancard

chekutoresa nacho
tembiricha

thermomètre

kuzvara

accouchement

kufuta

surcharge pondérale

chekubatsira kunzwa

appareil auditif

mushonga unouraya utachiona

désinfectant

utachiona

infection

vhairasi

virus

HIV / AIDS

VIH / sida

mushonga

médicament

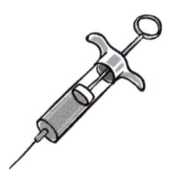

kudzivirira zvirwere

vaccination

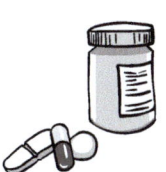

mapiritsi

comprimés

piritsi

pilule

ufonera rubatsiro ipapo ipapo

appel d'urgence

muchina wekuyeresa BP

tensiomètre

kurwara / kugwinya

malade / sain

Maiwe!

Au secours !

bhero

alarme

kurwisa

assaut

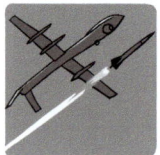

kurwisa

attaque

ngozi

danger

pekupuda napo zvechimbi-chimbi

sortie de secours

Moto!

Au feu!

chekudzimisa moto

extincteur

tsaona

accident

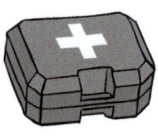

zvinhu zvefirst aid

trousse de premier secours

SOS

SOS

mapurisa

police

Europe

Europe

Kuchamhembe kweAmerica

Amérique du Nord

Kumaodzanyemba
kweAmerica
Amérique du Sud

Africa

Afrique

Asia

Asie

Australia

Australie

Atlantic

Océan atlantique

Pacific

Océan pacifique

Nyanza yeIndia

Océan indien

Nyanza yeAntarctic

Océan antarctique

Nyanza yeArctic

Océan arctique

Kuchamhembe

pôle nord

Kumaodzanyemba

pôle sud

Antarctica

Antarctique

Nyika

terre

nyika

pays

gungwa

mer

chitsuwa

île

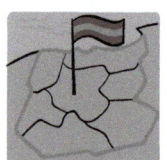

nyika

nation

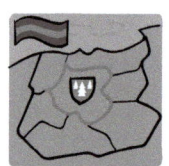

nyika

état

wachi

cadran

chinongedza awa

aiguille des heures

chinongedza miniti

aiguille des minutes

hinongedza masekondi

aiguille des secondes

Inguvai?

Quelle heure est-il ?

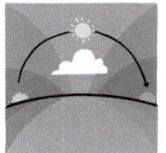

zuva

jour

nguva

temps

izvozvi

maintenant

wachi yemanhamba

montre digitale

miniti

minute

awa

heure

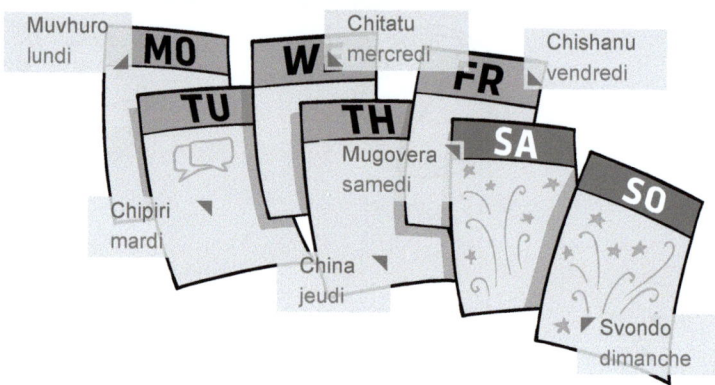

Muvhuro lundi — MO
Chipiri mardi — TU
Chitatu mercredi — W
China jeudi — TH
Chishanu vendredi — FR
Mugovera samedi — SA
Svondo dimanche — SO

nezuro

hier

nhasi

aujourd'hui

mangwana

demain

mangwanani

matin

masikati

midi

manheru

soir

MO	TU	WE	TH	FR	SA	SU
1	2	3	4	5	6	7
8	9	10	11	12	13	14
15	16	17	18	19	20	21
22	23	24	25	26	27	28
29	30	31	1	2	3	4

mazuva ebasa

jours ouvrables

MO	TU	WE	TH	FR	SA	SU
1	2	3	4	5	6	7
8	9	10	11	12	13	14
15	16	17	18	19	20	21
22	23	24	25	26	27	28
29	30	31	1	2	3	4

kupera kwevhiki

week-end

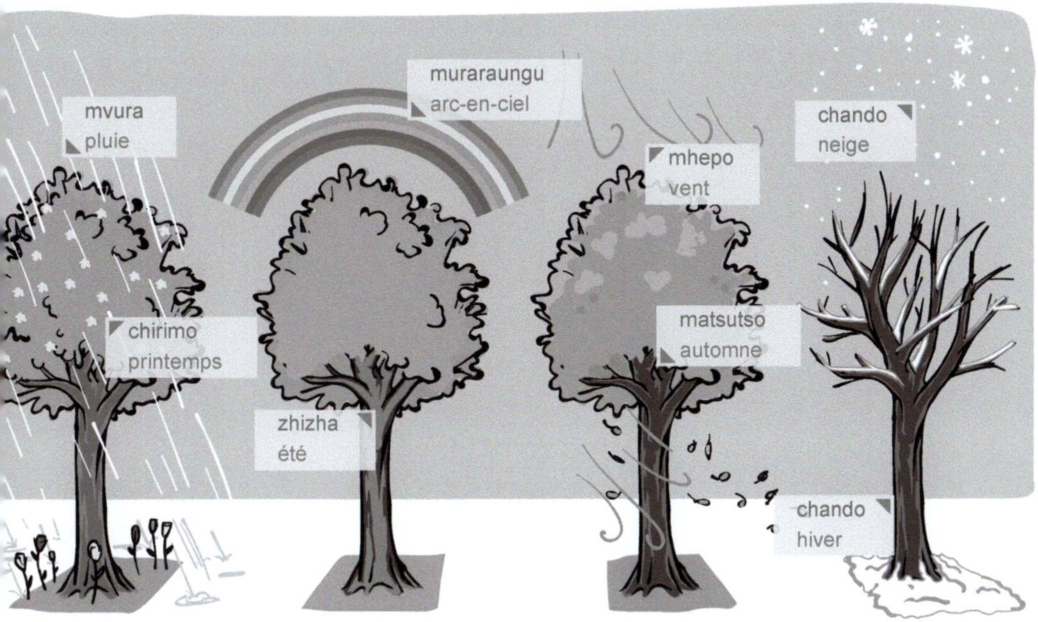

mvura
pluie
muraraungu
arc-en-ciel
chando
neige
mhepo
vent
chirimo
printemps
matsutso
automne
zhizha
été
chando
hiver

4.APRIL 11°
5.APRIL 4°
6.APRIL 13°
7.APRIL 8°
8.APRIL 10°

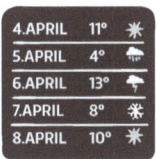

mamiriro ekunze anofungidzirwa
météo

F C
120 90 60 30 0 -30
40 30 20 10 0 -10 -20

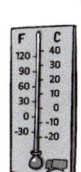

chekutoresa tembiricha
thermomètre

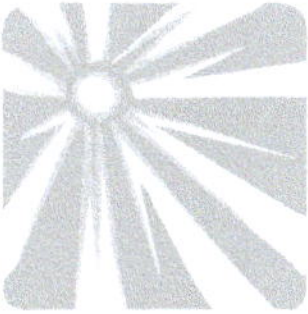

zuva
lumière du soleil

makore
nuage

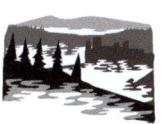

mhute
brouillard

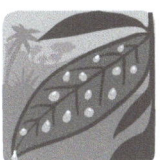

hunyoro
humidité

mheni

foudre

kutinhira

tonnerre

dutu

tempête

chivhuramabwe

grêle

mhepo ine mvura

mousson

mafashamo

inondation

mazaya echando

glace

Ndira

janvier

Kukadzi

février

Kurume

mars

Kubvumbi

avril

Chivabvu

mai

Chikumi

juin

Chikunguru

juillet

Nyamavhuvhu

août

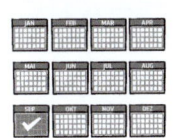

Gunyana

septembre

Gumiguru

octobre

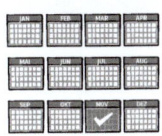

Mbudzi

novembre

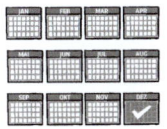

Zvita

décembre

denderedzwa

cercle

sikweya

carré

rectangle

rectangle

triangle

triangle

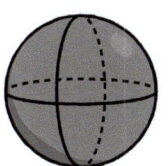

bhora

sphère

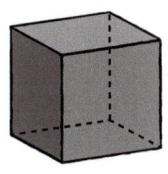

bhokisi

cube

chena

blanc

yero

jaune

orenji

orange

pingi

rose

tsvuku

rouge

pepuru

violet

bhuruu

bleu

girini

vert

kaki

marron

gireyi

gris

nhema

noir

zvakawanda / zvishoma

beaucoup / peu

hasha / dzikama

fâché / calme

naka / shata

joli / laid

kutanga / kuguma

début / fin

hombe / diki

grand / petit

jeka / rima

clair / obscure

hanzvadzikomana /
hanzvadzisikana

frère / soeur

chena / sviba

propre / sale

kwana / kusakwana

complet / incomplet

masikati / usiku

jour / nuit

yakafa / mhenyu

mort / vivant

pamhamha / tetepa

large / étroit

unodyiwa / haudyiwi

comestible / incomestible

utsinye / mutsa

méchant / gentil

kunakidzwa / kufinhwa

excité / ennuyé

kobvuka / tetepa

gros / mince

kutanga / kupedzisira

premier / dernier

shamwari / muvengi

ami / ennemi

rakazara / hairina kuzara

plein / vide

oma / pfava

dur / souple

rema / reruka

lourd / léger

nzara / nyota

faim / soif

kurwara / kugwinya

malade / sain

zvisiri pamutemo / zviri pamutemo

illégal / légal

kungwara / kupusa

intelligent / stupide

ruboshwe / rudyi

gauche / droite

pedyo / kure

proche / loin

matsva / matsaru

nouveau / usé

hapana / chiripo

rien / quelque chose

kuru / duku

vieux / jeune

batidza/dzima

marche / arrêt

vhurika / vharika

ouvert / fermé

nyarara / ruzha

faible / fort

mupfumi / murombo

riche / pauvre

chakanaka / chakaipa

correct / incorrect

kukasharara /
kutsvedzerera

rugueux / lisse

kusuwa / kufara

triste / heureux

pfupi / refu

court / long

nonoka / kurumidza

lent / rapide

nyoro / oma

mouillé / sec

dziya / tonhora

chaud / froid

hondo / rugare

guerre / paix

0

zero

zéro

1

potsi

un / une

2

piri

deux

3

tatu

trois

4

ina

quatre

5

shanu

cinq

6

nhanhatu

six

7

nomwe

sept

8

sere

huit

9

pfumbamwe

neuf

10

gumi

dix

11

gumi neimwe

onze

12

gumi nembiri

douze

13

gumi netatu

treize

14

gumi neina

quatorze

15

gumi neshanu

quinze

16

gumi nenhanhatu

seize

17

gumi nenomwe

dix-sept

18

gumi nesere

dix-huit

19

gumi nepfumbamwe

dix-neuf

20

makumi maviri

vingt

100

zana

cent

1.000

chiuru

mille

1.000.000

miriyoni

million

langues

Chirungu

anglais

Chirungu chekuAmerica

anglais américain

Mandarin yekuChina

chinois mandarin

ChiHindi

hindi

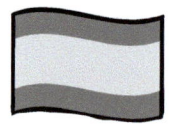

ChiSpanish

espagnol

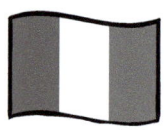

ChiFrench

français

ChiArabic

arabe

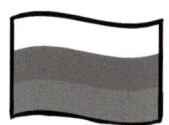

ChiRussian

russe

ChiPortuguese

portugais

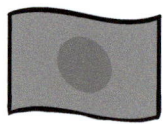

ChiBengali

bengali

ChiGerman

allemand

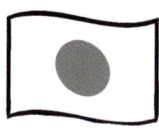

ChiJapanese

japonais

ini

je

iwe / imi

tu

iye

il / elle / ce, c', cela

isu

nous

imi

vous

ivo

ils / elles

ani?

Qui ?

chii?

Quoi ?

sei?

Comment ?

kupi?

Où ?

riini?

Quand ?

zita

nom

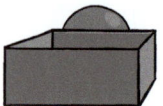

seri

derrière

mukati

dans

pamberi

devant

nepamusoro

au-dessus

pamusoro

sur

pasi

en-dessous

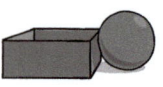

divi

à côté de

pakati

entre

nzvimbo

lieu